0

null

cero

10

zehn

diez

20

zwanzig

veinte

30

dreißig

treinta

40

vierzig

cuarenta

50

fünfzig

cincuenta

60

sechzig

sesenta

70

siebzig

setenta

80

achtzig

ochenta

90

neunzig

noventa

100

einhundert

cien

1000

eintausend

mil

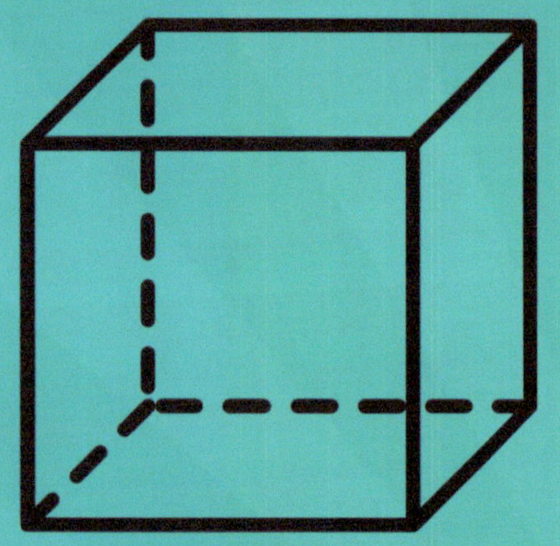

Würfel

cubo

Spielbaustein

bloque de juguete

Eiswürfel

cubo de hielo

Karamell

caramelo

Zucker

azúcar

Würfel

dados

Geschenkbox

caja de regalo

Pappkarton

caja de cartón

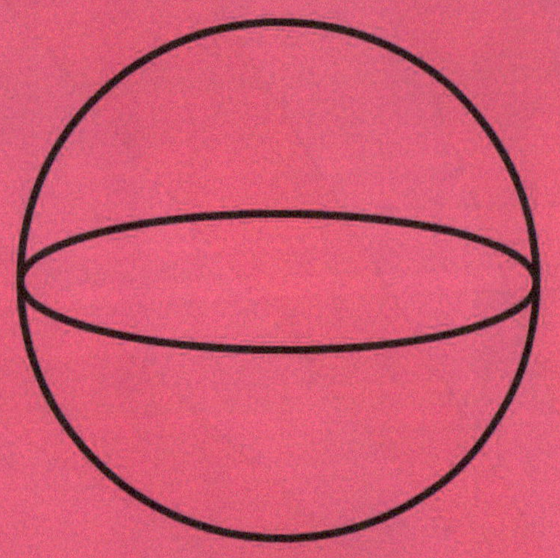

Kugel

esfera

Eiskugel

cuchara para helado

Perle

perla

Blase

burbuja

Murmeln

canicas

Planet

planeta

Schneeball

bola de nieve

Tennisball

pelota de tenis

Zylinder

cilindro

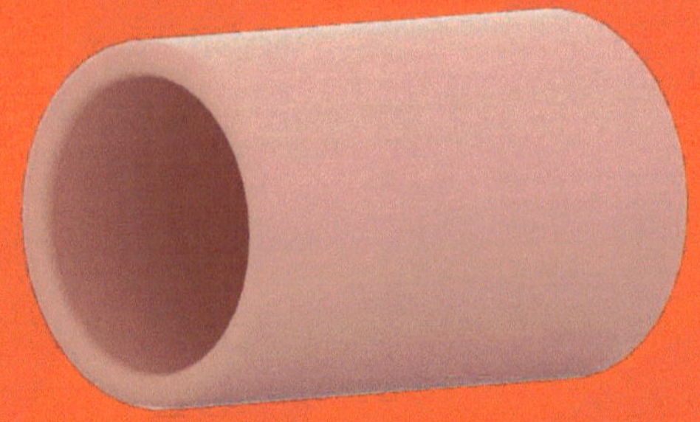

Rohr

tubo

Batterien

baterías

Garnspule

carrete de hilo

Zimt

canela

Nudelholz

rodillo

Wurst

salchicha

Heuballen

paca de heno

Kegel

cono

Verkehrskegel

cono de tráfico

Eiswaffel

cono de helado

Hexenhut

sombrero de bruja

Kerker

mazmorra

Tannenbaum

abeto

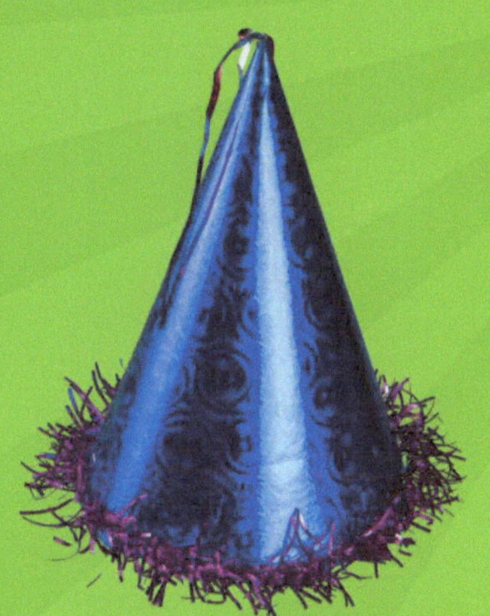

Partyhut

sombrero de fiesta

Schnecke

caracol

Brombeere

mora

Johannisbeere

grosella

Clementine

clementina

Durian

durián

Drachenfrucht

fruta del dragón

Jackfrucht

yaca

Sternfrucht

carambola

Spargel

espárragos

Radieschen

rábano

rote Bohne

frijol rojo

Rübe

nabo

Maniok

mandioca

Süßkartoffel

ñame

Kichererbsen

garbanzos

Adler

águila

Fledermaus

murciélago

Biber

castor

Flamingo

flamenco

Rabe

cuervo

Amsel

mirlo

Blaumeise

herrerillo azul

Elster

urraca

Schwalbe

golondrina

Lerche

alondra

Sittich

periquito

Specht

pájaro carpintero

Pfau

pavo real

Papagei

loro

tukan

tucán

Storch

cigüeña

Koralle

coral marino

Seeanemone

anémona de mar

Seeigel

erizo de mar

Seepferdchen

caballito de mar

Clownfisch

pez payaso

Goldfisch

pez dorado

Krabbe

cangrejo

Einsiedlerkrebs

cangrejo ermitaño

Delfín

delfín

Narwal

narval

Oktopus

pulpo

Tintenfisch

calamar

Walhai

tiburón ballena

Orca

orca

Blauwal

ballena azul

Belugawal

ballena beluga

Hammerhai

tiburón martillo

Weißer Hai

tiburón blanco

Zitronenhai

tiburón limón

Tigerhai

tiburón tigre

Heuschrecke

saltamontes

Raupe

oruga

Skorpion

escorpión

Eidechse

lagarto

Dinosaurier

dinosaurios

schwarzes Haar

pelo negro

rotes Haar

pelirrojo

braunes Haar

pelo castaño

blondes Haar

pelo rubio

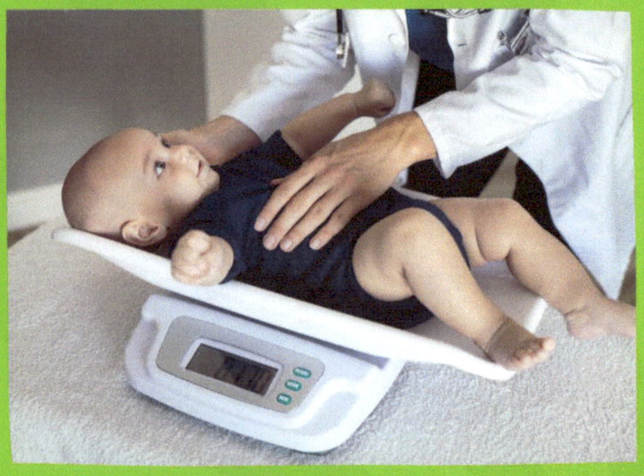

Waage

báscula

Krankenhaus

hospital

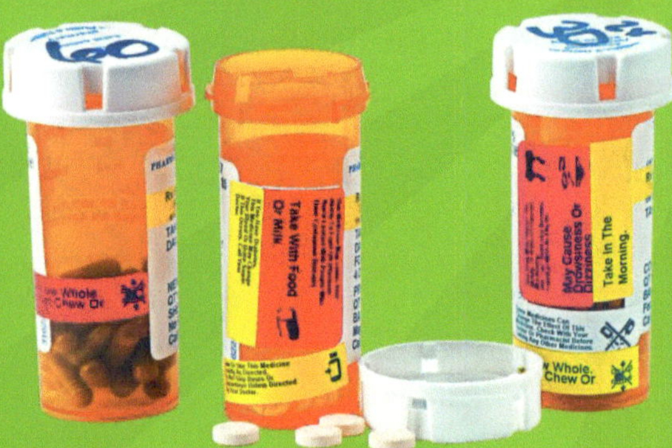

Medizin

medicina

Thermometer

termómetro

Verband

vendaje

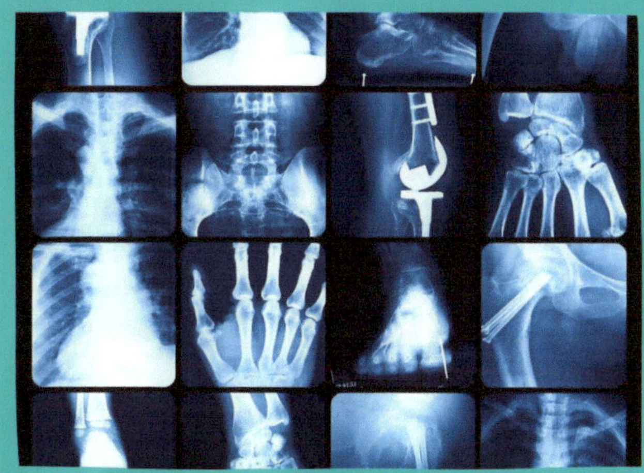

Röntgen

radiografía

Doktor

doctor

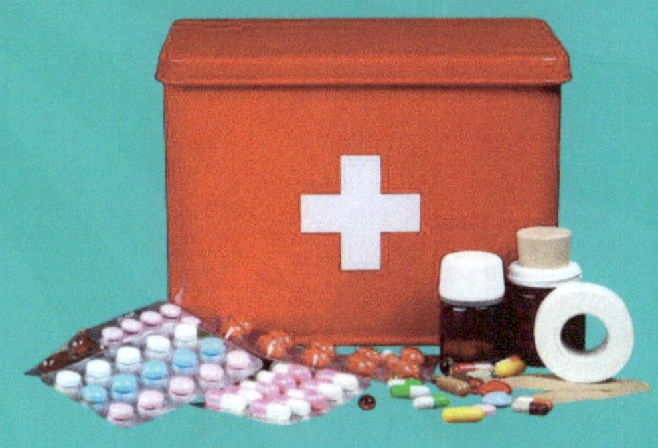

Erste-Hilfe-Kasten

kit de primeros auxilios

spielen

jugar

zeichnen

dibujar

zählen

contar

schreiben

escribir

Tanzen

baile

Schwimmen

natación

Skifahren

esquí

Basketball

baloncesto

Tennis

tenis

Tischtennis

ping pong

Fußball

fútbol

Reiten

equitación

Eishockey

hockey sobre hielo

Judo

judo

Boxen

boxeo

Laufen

carrera

Baseball

béisbol

Kricket

grillo

Rugby

rugby

Volleyball

voleibol

Maracas

maracas

Tamburin

pandereta

Xylophon

xilófono

Geige

violín

Klavier

piano

Gitarre

guitarra

Cello

violonchelo

Harfe

arpa

Trommel

tambor

Djembe

djembé

Schlagzeug

batería

Trompete

trompeta

Horn

trompa

Saxophon

saxofón

Flöte

flauta

Kopfhörer

auriculares

singen

cantar

Notenblatt

partitura

Mikrofon

micrófono